Damit du dich gut fühlst

Weg mit dem Seelenmüll!

Bewusst leben

Gudrun Leyendecker

1. Auflage 2023

Lektorat: Friederike Ramin

Biografische Information der deutschen
Nationalbibliothek: Die Deutsche Nationalbibliothek
verzeichnet diese Publikation in der Deutschen
Nationalbibliografie; detaillierte biografische Daten
sind im Internet über http://dnb.dnb.de abrufbar.

Herstellung und Verlag: BoD – Books on Demand,
Norderstedt.
ISBN: 9 783 756 897 056

Inhaltsangabe:

Damit du dich gut fühlst

Weg mit dem Seelenmüll!

Es ist für jeden Menschen selbstverständlich, seinen Körper, seine Kleidung, seine Wohnung und seine Umgebung mit regelmäßigen Reinigungen sauber zu halten. Wasser spielt dabei eine übergeordnete Rolle. Der Körper des Menschen selbst besteht je nach Alter zu 60-80 % aus Wasser.

Welche Bedeutung kann Wasser für die Seelenreinigung eines Menschen haben? Schon in früheren Zeiten kannte der Mensch viele Rituale, die mit dem Waschen zu tun hatten. Selbst die Taufe ist ein derartiges Ritual. Wie kann man tägliche Reinigung des Körpers mit einer Erfrischung der Seele verbinden? Dieses Buch gibt Anregungen und Aufschlüsse darüber.

Gudrun Leyendecker ist seit 1995
Buchautorin. Sie wurde 1948 in Bonn
geboren.

Siehe Wikipedia.

Sie veröffentlichte bisher über 70 Bücher,
unter anderem Sachbücher, Kriminalromane,
Liebesromane, und Satire. Leyendecker
schreibt auch als Ghostwriterin für namhafte
Regisseure. Sie ist Mitglied in
schriftstellerischen Verbänden und in einem
italienischen Kulturverein. Erfahrungen für
ihre Tätigkeit sammelte sie auch in ihrer
Jahrzehntelangen Tätigkeit als
Lebensberaterin.

Damit du dich gut fühlst

Weg mit dem Seelenmüll

Ratgeber

Gudrun Leyendecker

1...Was erwartet dich?

Die nachfolgenden Gedanken habe ich für dich, liebe Leserin, lieber Leser, geschrieben, weil ich mich gut in deine Gefühle hineinversetzen kann. Ich kenne sie alle, die Emotionen bei Ärger, Frust, Wut, Enttäuschung und all den anderen negativen Empfindungen. Der Alltag mit all seinen Eindrücken und Erlebnissen gibt uns genügend Anlass, negative Spuren auf unserer Seele zu hinterlassen.

Auf den nachfolgenden Seiten findest du Anregungen dazu, damit du dich von allen diesen Belastungen leichter befreien kannst.

Und wenn sich auf deiner Seele alte Narben befinden, alte Belastungen, kannst du einmal darüber nachdenken, ob dir nicht ein Hausputz im Bereich deiner Gefühle guttut.

Wenn du die Anregungen gelesen hast, ist es durchaus möglich, dass du selbst kreativ wirst und eigenen Ideen entwickelst, die dir ebenfalls zum Erfolg verhelfen.

Das Wasser

Der Mensch besteht zu 60-80 % aus Wasser, das Leben hat sich aus dem Wasser heraus entwickelt, und der Mensch braucht außer der lebensnotwendigen Atemluft viel Wasser, um sich am Leben zu erhalten. Bei etwa drei, bis vier Tagen mit Wassermangel ist schon eine Grenze erreicht, bei der Lebensgefahr besteht.

Das Wasser bewegt sich in einem ständigen Kreislauf um die Erde herum in einer Menge von ca. 1,4 Milliarden Kubikkilometern, davon sind etwa dreieinhalb Prozent Süßwasser.

Von diesen dreieinhalb Prozent des kostbaren Lebenselixiers nutzen wir täglich das Wasser für allerlei Zwecke. Oft machen wir uns keine Vorstellung darüber, wie gedankenlos wir mit diesem Stoff umgehen, während in anderen Regionen der Erde Wassermangel herrscht.

Wenn wir uns der Kostbarkeit des Wassers bewusstwerden, können wir sorgsamer damit umgehen.

Du kennst bestimmt einige Waschrituale, wie zum Beispiel:

Die Taufe

Es wurde und wird in vielen Völkern und Religionen auf unterschiedliche Art und Weise getauft. Während es teilweise üblich ist, nur den Kopf eines Täuflings mit Wasser zu benetzen, gibt es auch Rituale, bei denen der Mensch ganz in Wasser eintaucht.

Bei einer Taufe geht man davon aus, dass es sich hierbei nicht um eine körperliche Waschung wegen realer Verschmutzung handelt, sondern dass es symbolisch um die Befreiung und Reinheit der Seele geht.

Taufen finden in Kirchen, aber auch in anderen Gewässern, wie zum Beispiel Seen und Flüssen statt.

Häufig werden Taufen mit fröhlichen Festen verbunden, die menschliche Seele sehnt sich nach Befreiung und Reinheit und erspürt die feierlichen Momente.

Bitte behalte diese Symbolkraft im Auge!

Fußwaschungen

Zu früheren Zeiten und in anderen Ländern wusch man den ankommenden Gästen aus einer Art Gastfreundschaft die Füße. In der frühen Zeit der Menschheitsgeschichte Zeit hatte nicht jeder fließendes Wasser zur Hand, daher wurde der Besitz von Wasser wesentlich stärker geschätzt. Das Wasser für ein Fußbad konnte daher ein kleines Geschenk für den Gast sein.

Die Ursprünge dieses Rituals stammen aus Zeiten, in denen die Menschen kein festes Schuhwerk besaßen, sondern barfuß oder in offenen Sandalen wanderten. Verschiedene Religionen haben das Ritual der Fußwaschungen beibehalten und symbolisieren damit eine dienende, hilfreiche Handlung, die die Gläubigen in jeder Weise erfrischt.

Auch hier ist heute die Symbolkraft in Bezug auf die seelische Erfrischung stärker erhalten als die Reinigung des Körpers.

Wasser ist kostbar

Wie schon erwähnt, gibt es auf der Welt Regionen mit Wasserknappheit, und es ist jedem von uns bewusst, dass nicht jeder Mensch auf der Welt einfach den Wasserhahn aufdrehen kann, um sich dieses besonderen Stoffes bedienen zu können.

Dennoch wird auch in diesem Land allerlei unternommen, um das Wasser im Kreislauf zu reinigen und es uns zu nicht unbedeutenden Preisen zur Verfügung zu stellen. Ein Blick auf die Wasserrechnung zeigt uns, dass dieses begehrte Nass auch bei uns einen gewissen Stellenwert hat.

Seine eigentliche Kostbarkeit besteht jedoch aus seiner Wichtigkeit für die Natur und nicht zuletzt das menschliche Leben.

Den Wert des Wassers erkennt
man leicht, wenn man sich an
einem heißen Tag damit erfrischt.
Ein Schluck Wasser im trockenen
Mund, ein feuchtes Tuch auf der
schwitzenden Haut zeigt einem

die Kostbarkeit dieses Elementes.

Wenn du deine Mitmenschen fragst, mit welchen Gedanken sie das Wort Wasser in Verbindung bringen, dann werden viele Personen antworten: mit Sauberkeit, mit dem Waschen von Körpern und Gegenständen.

Ganz unbestritten ist diese Tatsache von Wichtigkeit. Ja, wir schaffen uns mit Wasser Sauberkeit und die damit verbundenen hygienischen Zustände, sowie die Schönheit eines gereinigten Äußeren. Die ästhetischen Aspekte fallen wieder in den Bereich der Seele. Ein schönes, sauberes Zuhause, ein gepflegter, gesäuberter Mensch erfreut nicht nur den Schönheitssinn, sondern auch die Seele.

Die gereinigte Haut des Menschen fühlt sich wohl, wenn die Poren frei sind von Schmutz und Verunreinigungen. Das Wasser löst Schmutz und spült ihn fort. Der Körper fühlt sich wohl, wenn er befreit ist von Verunreinigungen. Das wünschen wir auch unserer Seele, die sich täglich ungewollt Belastungen und Seelenmüll aussetzen muss.

Wasser löst den Schmutz des Körpers. So wie es symbolisch bei den Taufen und Fußwaschungen befreien und erfrischen kann, können wir auch lernen, uns durch unsere täglichen Waschungen im emotionalen Bereich befreiter zu fühlen. In den nachfolgenden Abschnitten erfährst du mehr darüber.

Die Kraft des Wassers

das Wasser kann sich sehr unterschiedlich anfühlen, und zwar nicht nur von der Temperatur abhängig. Es kann sich sehr weich und sanft anfühlen, wenn du deine Hand in ein stehendes Gewässer hältst oder deine Haut von einem warmen Sommerregen erfrischt wird.

Es kann sich jedoch auch hart anfühlen, wenn du deine Hand in einen brausenden Gebirgsbach hältst oder ein Gewitterschauer auf dich niederprasselt.

Die eigentliche Kraft des Wassers erkennst du, wenn du

dir bewusst machst, dass ein Wassertropfen imstande ist, einen Stein auszuhöhlen.

Die Kraft des Wassers kannst du feststellen, wenn du dir die Steine in Bächen und Flüssen anschaust, die sich im fließenden Wasser aneinander rund gerieben haben.

Der Mensch hat gelernt, die Wasserkraft für sich auf verschiedene Art und Weise zu nutzen und dieses Element auf seine Art und Weise zu gebrauchen. Denke zum Beispiel an die Wassermühlen und die Staudämme. Bestimmt fallen dir dazu noch einige Beispiele ein.

Mit dem Spüren des Wassers kannst du dich sensibilisieren. Öffne die Empfindung deiner Sinne, deiner Haut für das Erspüren der unterschiedlichen Eindrücke, die dir das Wasser vermittelt. Nimm ein Bad, wasche dir die Hände und tauche sie in die verschiedenen Gewässer.

Trau dich, den Regen in seiner unterschiedlichen Form zu erspüren, achte auf die Gefühle auf deiner Haut! Dafür musst du dich nicht gänzlich in den Regen stellen und dich vollkommen nass werden lassen, es reicht schon, wenn du die Hand unter dem Regenschirm hervorstreckst und die Tropfen auffängst.

Einen weiteren Sinn kannst du ansprechen, wenn du dir im Morgenlicht die Tautropfen anschaust, die sich dir wie Perlen oder gläserne Früchte entgegenstrecken. Ihr Glitzern im frühen Sonnenlicht hat die Kraft, bis in deine Seele hineinzuleuchten.

Ein ganzes Wintermärchen, kannst du erleben, wenn du die verschneite Natur betrachtest, die sich dir in zauberhaft dezenter Winterbeleuchtung präsentiert oder bei strahlendem Sonnenschein wie ein mit Sternen übersätes Bild glitzert.

Die Kunstwerke der Schneeflocken, die je nach Wetter tanzen, schweben oder heftig zu Boden drängen, können deine Fantasie beflügeln, wenn du dich darauf einlässt.

Solltest du die Möglichkeit haben, einmal die Eiskristalle an Fensterscheiben betrachten zu können, wirst du staunen über die kunstvollen, prächtig und diffizil gestalteten Eisblumen-Bilder.

Hast du schon einmal an einem See gestanden? Hier erlebst du das Wasser in seiner Vielseitigkeit. Je nachdem, in welcher Landschaft du ihn findest, ist seine Oberfläche imstande, dir ein Spiegelbild zu zeigen, dass dir wie die Interpretation eines großen Künstlers erscheint. Versuche, dich in den Stimmungen der verschiedenen Seen zu finden. Während ein kleiner dunkler See im Hochmoor Trauer und Enttäuschung nachzubilden scheint, findest du im klaren Gebirgssee, in dem sich der azurblaue Himmel spiegelt, die Hoffnung auf einen Neuanfang.

Die fließenden Gewässer wurden schon früher vielfach von berühmten Dichtern besungen, weil man mit einem Blick in die davoneilenden Wellen, seinen Kummer davontragen lassen kann und an die Vergänglichkeit dieser Zeit, auch mit all ihren betrüblichen und traurigen Eindrücken erinnert wird.

Am Fluss wirst du daran erinnert, dass dir nach einem Augenblick der Traurigkeit schon mit einer nächsten Welle eine neue Chance begegnen kann. In diesem Leben ist fast alles vergänglich, auch der Schmerz und die Enttäuschung können sich unter Umständen verlieren und neuen Gefühlen Platz machen.

Das weite Meer kann dir den Eindruck einer großen und starken Naturgewalt vermitteln, die sich dennoch immer wieder einfügt in die Gesetze, in das große Ganze. Es kann dir, wie die Gebirgswelt eine Weite und ein Gefühl der Freiheit vermitteln. Lass dich auf dieses Gefühl ein!

Der Gletscher

Die Gletscher sind momentan auf der Erde immer noch außer den Ozeanen die größten Wasserspeicher, die uns mit Süßwasser versorgen. Sie sind aus Schnee entstanden, der sich vor langer Zeit manifestiert hat. Wenn man sich vorstellt, welche Süßwasserreservoire sie für uns sind, können sie bei uns symbolisch als weiße Kronen der hohen Berge gesehen werden, die die alpinen Monumente zieren. Mit einem umweltbewussten Handeln sollten wir dafür sorgen, dass diese weißen Schätze nicht mehr als notwendig angegriffen werden.

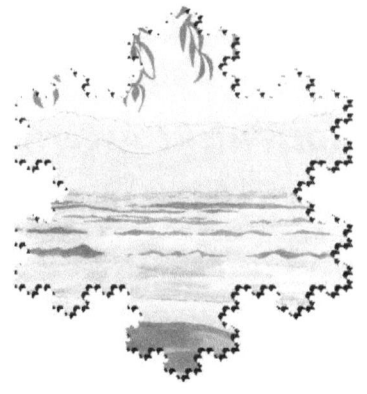

Wenn du nicht die Möglichkeit hast, all diese Orte in Natura zu besuchen, so gibt es die Möglichkeit von einer Vorstellung in deiner Fantasie. Wenn du noch nicht gelernt hast, deine Fantasie auszutesten, kannst du dir auch Videos anschauen, die dir ebenfalls die verschiedenen Emotionen vermitteln können.

Das Händewaschen

Das Händewaschen kannst du zu einem Ritual ausweiten, dass dir mithilfe seiner Symbolkraft und deiner körperlichen Empfindung die Möglichkeit gibt, den Seelenmüll loszulassen.

Lass ein Händewaschen niemals gedanken- und gefühllos an dir vorübergehen!

Wenn du zunächst deine Hände befeuchtest, kannst du dich auf das kleine, und doch so wichtige Erlebnis vorbereiten.

Sollte dir gerade frische Ärger, eine aktuelle Enttäuschung

begegnet sein, kannst du sie jetzt kurz in Augenschein nehmen.

Liegt dir bewusst kein aktueller Ärger, keine aktuelle Störung vor, kannst du deine alten negativen Gedanken, deinen alten Frust und Unmut zusammenfügen und in einer allgemeinen Zusammenfassung an Seelen-müll denken.

Die meisten Menschen benutzen Seife oder eine ähnliche Emulsion, um eine gründliche Handreinigung vorzunehmen. Ab heute geht es also auch um angesammelte negative Emotionen, die du noch nicht verarbeitet hast. Solltest du dich an Einzelheiten erinnern, kannst du sie jetzt getrost aufdecken und gleichzeitig in Gedanken mit der Waschemulsion oder der Seife lockern und bearbeiten. Creme und bearbeite deine Hände liebevoll!

Beim Abwaschen mit klarem Wasser, darfst du dir ruhig vorstellen, dass du nun alles loslassen kannst, was dich belastet hat. Du darfst dir vorstellen, dass das reinigende Wasser alles mitnimmt, was dich bedrückt und gestört hat. Gib dich dieser Seelenreinigung mit Genuss hin. Sage dir mit deinen Worten, dass du frei wirst von altem Ärger, altem Frust und allem, was dich an negativen Emotionen drückt.

Wenn am Ende des Waschens das Wasser klar über und durch deine Hände fließt, kannst du das Gefühl einer positiven, gelösten Emotionslage empfinden. Lass dies in freudiger Erwartung zu!

Möglicherweise hast du verschiedentlich auch die Gelegenheit, die Hände an der Luft trocknen zu lassen.

Schließe die Augen beim Trocknen der Hände. Stelle dir einen Fluss oder einen See vor, in denen die Tropfen des Wassers fallen!

Ebenso kannst du dir Schneeflocken vorstellen, die sanft hinunterfallen und sich in einem Fluss mit dem davoneilenden Wasser verbinden!

Finde dich nun gelassen wieder in den Tag ein, mit dem beruhigenden Gefühl, dass alles Negative hinweggetragen wird!

Das Duschen

Das Duschen des Körpers kannst du zu einem perfekten Erlebnis gestalten.

Atme tief ein und aus und freue dich auf diese Reinigung!

Du beginnst mit dem Befeuchten des Körpers im angenehm warmen Wasser. Denke daran,

dass sich einiges an Stress und negativen Eindrücken als Ablagerungen auf deiner Seele gespeichert haben kann.

Anschließend beginnst du mit dem „Einseifen" deiner Haut mit sanften und streichelnden Bewegungen. Dabei stellst du dir vor, dass du alle negativen Erlebnisse berührst und erfasst.

Wenn du willst, kannst du auch an spezielle Ereignisse oder speziellen Ärger denken. Denke an den Frust, die Enttäuschungen und negativen Erfahrungen und Eindrücke. All das willst du loswerden, dir von der Seele nehmen.

Falls du magst, kannst du es dir auch dabei laut von der Seele reden.

Möglicherweise „brennen" dir auch Angelegenheiten auf der Seele, auch die kannst du kurz in Gedanken oder Worten ansprechen.

Wie auch beim Händewaschen ist es unwichtig, welche Lotion du benutzt, solltest du nicht allergisch gegen Düfte sein, kannst du dir auch für den Geruchssinn etwas Gutes tun und deine Nase mit aromatisierten Duschgels verwöhnen.

Wenn du deinen Körper liebevoll behandelt hast, erwarte mit

Freude das Erlebnis des reinigenden, klaren Wassers.

Jetzt darfst du dir vorstellen, dass du alles loslassen kannst, was sich auf Körper und Seele befand, alles, was dich negativ belastete.

Du darfst es dir in Einzelheiten vorstellen oder aber auch im Allgemeinen als kompaktes, belastendes Paket zum Abtragen freigeben.

Genieße nun mit dem ablaufenden Wasser, wie alles von dir abgespült wird, das störend auf deiner Haut und auf deiner Seele lag. Auch hierbei wähle dir eine angenehm warme

Temperatur für das erfrischende, belebende Nass, dass dir neue Reinheit gibt.

Genieße noch einmal bewusst den Zustand der Befreiung und atme noch einmal tief ein und aus.

Beim Abtrocknen kannst du dein eigenes Ritual wählen. Günstig sind sowohl das Einkuscheln in große Badetücher als auch das kräftige Abrubbeln, dass deine Haut gut durchblutet. Frage dein Bauchgefühl, auf welche Art des Trockenwerdens du gerade Lust hast!

Diese Art des Duschens kannst du jederzeit verwenden. Es schadet nichts, wenn du dich derart entspannst vor der Arbeit oder einer anderen wichtigen Aufgabe.

Es tut aber gleichermaßen gut, wenn du dich hinterher entspannst und ein bisschen faulenzen möchtest.

Während man üblicherweise zu dem Dusch- Ritual häufig nur einmal am Tag Zeit hat, kann man das Ritual des Händewaschens je nach Lust und Laune mehrmals am Tag wiederholen.

Beim häufigen Wiederholen sollte man jedoch darauf achten, dass man die Haut mit den Zusätzen nicht zu sehr strapaziert. Bei häufigen Waschungen sollte man dann einmal den Zusatz wie Seife und Gel zwischendurch weglassen.

Altbekanntes

Die zunächst nachfolgend genannten Methoden zur Entspannung oder zum Auspowern hast du bestimmt schon einmal ausprobiert. Du kannst sie miteinander nach Belieben kombinieren und vor, zwischen und nach den Waschungen ausführen.

Sobald du gelernt hast, das Händewaschen und das Duschen mehr zu genießen als bisher, kannst du auch auf deine üblichen Entspannungsmethoden mehr Aufmerksamkeit lenken.

Die Häufigkeit deines üblichen Händewaschens musst du nicht

vermehren. Es reicht, wenn du das Ritual einmal am Tag anwendest oder auch weniger, ganz nach Bedarf. (vor dem Essen, nach der Toilette).

Wichtig ist, dass du das Ritual nicht als Zwang ansiehst, sondern als Angebot einer gesunden Tätigkeit, die du mit Zuversicht und Freude ausübst.

Bewegung

Ganz sicher weißt du, dass Sport eine empfohlene Betätigung ist, um Stress loszuwerden. Beliebt sind Fahrradfahren und das Joggen, sowie das Schwimmen und das Tanzen.

Wer zeitlich wenig Gelegenheit dazu hat, hilft sich zu Hause mit Gymnastik oder Tanzbewegungen zu Radio-Musik.

Bei all diesen sportlichen Betätigungen hilft es dir, wenn du sie nicht als Zwang ansiehst, sondern als freundliches Angebot, deinem Körper und deiner Seele etwas Gutes tun zu können.

Freu dich mit einem kurzen tiefen Ein- und Ausatmen auf den Beginn jeder entsprechenden Betätigung und beende sie ebenfalls wieder mit entspannenden tiefen Atemzügen.

Wenn du ein bisschen geübt hast, deine Sorgen und deinen Stress beim Händewaschen loszulassen, kannst du dies jetzt auch ganz bewusst bei all deinen sportlichen und beweglichen Betätigungen einfügen. Bei jedem Schritt, mit dem du erneut die Erde berührst, stellst du dir vor, etwas in die Erde abzuleiten, so wie andere mit einem Boxball bei jedem Treffer etwas Frust loswerden. Besonders bei eigenen Tanzbewegungen hast du die Möglichkeit, mit den Armen Frust von dir zu schleudern und mit den Beinen in die Erde wie bei einem Blitzableiter abzuleiten. Es kann Spaß machen, sich eigene Bewegungen für die Entspannung und das Loslassen zu erfinden Bei jeder dieser beweglichen Betätigungen kannst du dir visuell vorstellen, Frust abzubauen und Ärger loszulassen. Mach es dir bewusst!

Einen Punkt, den ich sicherlich nicht extra erwähnen muss, das ist etwas, dass jeder von euch weiß: eine gute Möglichkeit, seinen Frust abzureagieren, sind die Betätigungen im Haushalt, wie zum Beispiel das Staubwischen, Staubsaugen oder Putzen. Wichtig ist nur, dass wir bei all diesen Tätigkeiten mit unserem ganzen Willen und Gefühl dieses Herauslassen unserer Emotionen spüren, bzw. ganz bewusst handeln.

Bei allen Spaziergängen, auch noch einmal ganz besonders in den Bergen, im Wald, in der Natur, kannst du außer dem bewussten Herauslassen des angestauten Seelenmülls, deine Seele positiv wieder auftanken, indem du alle deine Sinne öffnest.

Das Rauschen des Windes in den Bäumen und Büschen, im wogenden Kornfeld, die Rufe und das Zwitschern der munteren Vögel oder alle Düfte, die dir die Natur zu bieten hat, kannst du als Medizin in deine Seele hineinlassen.

Der Himmel mit all seinen fantastischen Wolkenkreationen,

mit leuchtenden und dramatischen Wolkenbildern, ist imstande, deine Seele mit positiv erfrischenden Eindrücken zu versorgen.

Genieße dabei überall die Erde, die du betrittst, die dir Halt gibt, die das Element der Festigkeit darstellt und dir Erdung bietet. Fühle bewusst den Boden unter deinen Füßen, nimm ihn war als deine Mutter Erde!

Wenn du bei diesen Spaziergängen zugelassen hast, mit deinen Sinnen bewusst alles zu erleben, was dir die Natur und die Erde bieten, kannst du diese Spaziergänge auch in deinem Kopf nachvollziehen und visualisieren, besonders wenn du zum Beispiel im Zug oder in der Straßenbahn sitzt oder du zu Hause die Möglichkeit hast, dir einen Augenblick Zeit für dich zu nehmen.

Die Entspannungsreisen, die du dir selbst gestaltest, kannst du dir überallhin genehmigen und dir dabei bewusst machen, welches Glück das Genießen der Gedankenfreiheit ist.

Musik

ein ganz besonderes Geschenk
des Himmels ist die Musik. Sie
kann dich nicht nur bei diesen
Gedanken-Reisen begleiten, sie
hat auch die Möglichkeit, dich in
verschiedene Stimmungen zu
versetzen, die gerade zu deinen
Emotionen passen oder sie
verändern sollen.

Wenn du traurig bist, solltest du dir diese Trauer bei einer entsprechenden Musik gestatten und sie ausleben, bis dir dein Gefühl sagt, dass du für eine neue Phase bereit bist.

Beim Musikhören kannst du entspannen und besonders durch Atemtraining Seelenmüll loswerden. Für gesunde Atemtechnik gibt es etliche CDs zur Anleitung, unter anderem auch von Krankenkassen. Hier hast du nun auch den Doppeleffekt, vom Loslassen des Seelenmülls und dem Hineinlassen der positiven Komponenten durch die Entspannungswirkung der

Musik und ihrer heilenden Wirkung.

Musik

Du selbst als Akteur

beim Spielen eines Instrumentes hast du die ideale Möglichkeit, deine Stimmungen in deinen Ausdruck hineinfließen zu lassen.

Beim Gitarrenspiel, beim Spiel auf dem Piano oder mit dem Schlagzeug hast du optimale Möglichkeiten, jegliche Art von Frust loszulassen.

Tue das ganz bewusst! Füge die aktuellen Probleme in deine Aktionen ein und leite sie ab in Tönen und Lautstärke.

Erinnere dich an das Ritual des Händewaschens!

Arbeiten mit Erde

Es tut nicht nur gut, mit den Füßen fest auf dem Boden zu stehen und die Erde und den Untergrund wahrzunehmen, sondern es ist auch gesund für die Hände, sich mit Erde oder ähnlichen Materialien zu befassen.

Nicht von ungefähr lässt man kleine Kinder im Sandkasten spielen. Das ist nicht nur gut für die Immunisierung, sondern auch gut für alle Gefühle, auch die der Haut.

Beim Berühren der Hände mit erdhaften Materialien funktioniert unter anderem auch wieder das Blitzableiter-Motiv für Belastungen der Seele. Zu dem Kontakt mit diesem Material kommt die kreative Form der Bewegung. Hier kannst du schöpferische Kräfte entwickeln und während deiner motorischen Arbeiten Frust aus deiner Seele herauslassen.

Dies gilt sowohl für Gartenarbeit als auch für Arbeiten mit Ton und ähnlichen Produkten.

Bei einigen dieser Arbeiten kannst du erleben, dass das Element Wasser imstande ist, die Erde und ähnliche Produkte zu einem geschmeidigen und gefügigen Material zu verändern. Schätze dies als eine weitere positive Eigenschaft des Elementes Wasser!

Für alle kreativen Arbeiten und Hobbys, wie das Basteln, das Malen, Zeichnen, Schnitzen usw., stärken das Gefühl für das Empfinden deiner schöpferischen Kraft, die dir geschenkt wurde!

Werde dir darüber auch bei allen anderen Handarbeiten bewusst, zum Beispiel beim Stricken und Sticken und ähnlichen Tätigkeiten!

Das gleiche gilt auch für die Arbeit in der Küche, beim kreativen Kochen und Backen.

Besonders bei Arbeiten mit Teig kannst du sowohl bewusst Stress herauslassen als auch angenehme Empfindungen spüren und Kreativität zulassen.

Massage

Es sind nicht nur die Waschungen, die dem Körper guttun können und damit zur Hilfe für die Seele werden, sondern auch verschiedene Berührungen der Haut und des Körpers.

Dazu gehört ganz besonders die Massage.

Hier kann ein Kräfteaustausch beim Geben und Nehmen einer Massage entstehen. Wer sich bewusst darauf einlässt, kann sowohl beim Massieren ein gutes Gefühl empfinden als auch als Empfänger eine Massage.

Zu empfehlen sind nicht nur die medizinischen Behandlungen und Anwendungen in jeder Form, sondern auch im Bereich der Freundschaft und der Partnerschaft. Das lässt sich individuell gestalten als Teilmassage, zum Beispiel einer Massage des Nackens, der Füße, als Rückenmassage oder Ganzkörpermassage.

Wie bei allen anderen Entspannungstipps ist es auch hier produktiv, sich darauf entspannt einzulassen.

Bei der Behandlung kann man auch hier das Wasser in Form von verschiedenen Flüssigkeiten, zum Beispiel als Öl beachten und genießen.

Das Licht

Jeder von uns weiß, wie wichtig das Licht für unsere Stimmungen ist. Bekannt ist, dass die Depressionen in der dunklen Zeit (Winter) zunehmen.

Es gibt diverse Lichttherapien, die von Therapeuten und Ärzten angeboten werden.

Doch auch in diesem Bereich können wir selbst etwas dazu tun.

Einigen Menschen gefällt es, sich mit flackerndem Kerzenlicht, eine zusätzliche lebendige und helle Quelle der Energie einzurichten.

Viele tun dies besonders in der dunklen Jahreszeit, bei der man auch Wohnungen und Häuser mit Licht schmückt und vermehrt in den Zimmern Kerzen entzündet.

Für private Lichttherapien gibt es auch verschiedene Lampen, unter denen man im eigenen Heim bestimmte Therapiestunden verbringen kann.

Sofern man es sich zeitlich erlauben kann, sollte man das natürliche Tageslicht nach Möglichkeit nutzen und sich wann auch immer die Zeit so einteilen, dass man sich einer ausreichenden Helligkeit aussetzen kann. Dies klappt natürlich nicht bei allen Menschen im Zusammenklang mit beruflicher Arbeit.

In diesem Fall sollte man sich des künstlichen Lichts bedienen, einer Lampe, die einen angenehmen Schein sendet, eines Kaminfeuers oder der Kerzenbeleuchtung, der man sich ganz bewusst widmet.

Nach und nach kann man sich eine besondere Genussfähigkeit antrainieren, die man bei all diesen entspannenden Betätigungen oder Situationen nutzt.

Zum Üben dazu eignet sich immer wieder das Ritual des Händewaschens.

Urlaub für die Seele

Der viel beschäftigte Mensch im Arbeitsleben hat ab und zu oder auch regelmäßig freie Stunden, einen freien Tag und in weiteren Abständen einen Urlaub.

Wie gestalten wir uns einen Urlaub für die Seele?

Für einen realen Urlaub packt man häufig einen Koffer, in den man die Dinge packt, die man mitnehmen möchte.

Viele Menschen machen sich dafür eine Liste.

Für einen Seelenurlaub kannst du dir ebenfalls eine Liste herstellen.

Darauf schreibst du all die Dinge, mit denen du dich in einem Urlaub nicht belasten möchtest.

Für einen realen Urlaub macht man sich häufig Pläne, um sicherzustellen, dass man ein vollständiges, gutes Programm zusammengestellt hat.

Für einen Urlaub der Seele kannst du dir kleine und große Wünsche und Träume ebenfalls auf einem Papier notieren.

Bei einem realen Urlaub musst du dann an Ort und Stelle auch schauen, ob und wie sich deine Pläne verwirklichen lassen. In einem Urlaub sollte man flexibel sein, da gibt es immer Ereignisse, die einem die Pläne durchkreuzen.

Also darfst du bei deinem Wunschzettel ebenfalls Flexibilität walten lassen. Einige Wünsche werden sich erst später oder gar nicht realisieren lassen, lass dich davon aber nicht abhalten, sie im Hinterkopf zu behalten und auf dem Zettel stehen zu lassen. Es gibt auch kleine und große Wunder.

Bei einem Seelenurlaub ist es wichtig, dass du das Abschalten lernst. Denn oft kannst du dich in der Realität nicht sofort von allen Belastungen trennen.

Wähle einen Ort, an dem du gern bist! Ist das eine Bank draußen im Grünen mit einem Blick in die Landschaft? Ist das deine Terrasse mit einem Blick in den Garten? Ist es ein Sessel auf dem Balkon, ein Sessel im Wohnzimmer, die Couch, dein Bett oder die Badewanne?

Es spielt keine Rolle, wo sich dein Lieblingsort befindet. Deine Wohlfühl-Oase sollte ein Platz sein, an dem du dich wohlfühlst, an dem du dich gern aufhältst.

Zunächst einmal ist es wichtig, dass du gut abschaltest, dazu empfehle ich dir vorher ein „bewusstes Händewaschen".

Freue dich mit einem tiefen Atmen auf dein kleines persönliches Abenteuer!

Du kannst mit offenen, besser aber noch mit geschlossenen Augen deine unterschiedlichen Traumreisen beginnen.

Jetzt kannst du der sein, der du sein möchtest und in deiner Fantasie alle Situationen ausprobieren, die du gern einmal erleben möchtest.

Du kannst Traumreisen in alle Länder der Erde unternehmen oder auch nur in der Nähe bleiben und dir Situationen vorstellen, die du magst.

Solltest du körperlich nicht fit sein, kannst du nun auch in Gedanken tanzen, rennen und springen ganz nach Lust und Laune.

Die Umgebung deiner Traumreisen kannst du besonders zu Hause selbst gut nach eigenem Gutdünken gestalten. Im Badezimmer begleiten dich gern Musik, ein romantisches Kerzenlicht und entspannende Tees. Manche Menschen genehmigen sich dazu je nach körperlichem Befinden auch gern ein Gläschen Sekt.

Bei einem Bad in der Wanne eignet es sich gut, sich lediglich den entspannenden Gedanken hinzugeben, da du im Wasser nur begrenzt Zeit hat, bis die Haut des Wassers überdrüssig wird und dir dies mit ihrer (schrumpeligen) Oberfläche zeigt.

Auch in der Wanne kannst du dir vorstellen, dass ein Schaumbad, oder ein prickelndes, belebendes Bad alles hinwegnehmen kann, was deine Seele belastet. Nimm auch hier alle Waschungen deines Körpers liebevoll vor. Solltest du dir derartige Fürsorge für dich bisher noch nicht bewusst gemacht haben, so findest du eine Erklärung für dich im nachfolgenden Satz:

Ideelle und materielle Werte sind die Geschenke, die dir das Leben bereitet hat und die es verdienen, geschützt zu werden. Auch dein Körper und deine

Seele sind Geschenke, mit denen du am besten sorgsam und liebevoll umgehst, damit du ihre Wertung zeigst. Pflege deinen Körper und deine Seele!

An den Stunden und Tagen, die du für einen Urlaub für die Seele vorgesehen hast, solltest du dir nach Möglichkeit nicht nur den

Umgang mit Menschen ersparen, die zeitweilig negativ belastet sind, sondern dich auch vor zu vielen negativen Nachrichten aus dem Umfeld fernhalten.

Da man in der Regel gezwungen ist, sich mindestens mit den Warnungen des Verkehrsfunks zu informieren und einem im Alltagsleben auch Negatives nicht erspart bleibt, ist es sinnvoll, die Zeit des Seelenurlaubs für den Feierabend oder das Wochenende zu wählen.

Der Hausputz der Seele

Dein mitmenschlicher Umkreis

So wie es den Räumlichkeiten guttut, von Zeit zu Zeit einmal von Überflüssigem befreit zu werden, so tut diese Maßnahme auch unsere Seele gut.

Es gibt sehr gute Therapeuten, die geschult sind, einen

Menschen grundlegend von seinen Problemen und negativen Belastungen zu befreien.

Dazu kann ich auf jeden Fall raten, trotzdem ist nicht gleich der erste Therapeut auch der beste. Wähle dir den sympathischen Therapeuten erst nach einer Probestunde aus!

Doch du selbst kannst auch für Dich verschiedene große Reinigungen vornehmen.

Eine große Bedeutung haben deine Freunde und dein Bekanntenkreis. Hier darfst du dir in einer entspannenden Stunde einmal bewusst machen, welche Personen dir guttun und welche nicht.

Freilich bedeutet das nicht, gleich mit jedem Freund zu brechen, über den du dich schon einmal geärgert hast.

Wir alle sind so verschieden, dass man selbst zwei Menschen niemals in allen Situationen unter einen Hut bringen kann.

Mache dir die Verschiedenheiten bzw. die Probleme bewusst und suche ein offenes Gespräch mit den betreffenden Personen, mit denen du nicht gut zurechtkommst.

Die letzten Jahre hat unsere kleine Welt sehr stark in einer

Konsumwirtschaft gelebt, bei der sehr viel zu schnell weggeworfen wurde. Dies bezieht sich sowohl auf Materielles als auch auf Ideelles.

In Partnerschaften lässt man sich schnell scheiden, häufig, bevor alles ausdiskutiert und ausprobiert wurde. Das gleiche gilt für Freundschaften und Bekanntschaften.

Dennoch sollte laufend überprüft werden, ob einem die Menschen in eigenen Umkreis guttun. Jeder ist nämlich ständig in einer möglichen Entwicklung, die er bejahen und annehmen oder verweigern kann.

Immer wieder gibt es Menschen, die sich ständig weiterentwickeln und wiederum andere, die in einer Sackgasse landen. Daher erlebt man es immer wieder in jeder Form von Partnerschaft, dass es im Laufe der Zeit zu einer Auseinander-Entwicklung und Unverständnis kommt.

Hier sollte man mit dem Diskutieren ansetzen.

Wenn ihr jedoch nach ausgiebigen Diskussionen nicht auf einen Konsens kommt und keine Kompromisse findet, ist es besser die Bekanntschaft oder sogar die Freundschaft zu lockern oder nötigenfalls ganz zu lösen.

Ernährung

Der Mensch ist, was er isst.
Diesen Spruch kennt auch jeder,
doch wird nur selten danach
gehandelt.

Wenn du in der Phase bist, in der du dich von Seelenballast trennen möchtest, ist es auch gut auf deine Ernährung zu schauen.

Bei der Ernährung hat das Wort ballastreiche Kost eine andere, positive Bedeutung, die dir mit Sicherheit schon begegnet ist. Man findet Ballaststoffe unter anderem besonders in verschiedenen Vollkornprodukten Hülsenfrüchten, Nüssen, Gemüse und Obst. Mit der richtigen Mischung kannst du dir einen gesunden Ernährungsplan zusammenstellen.

Selbstverständlich gibt es auch Ernährungsberater und deinen Hausarzt, der dir eine auf dich persönlich zugeschnittene Ernährung empfehlen kann.

Trotzdem kannst du auch selbst darauf achten, dich gesund zu ernähren, indem du dich in Büchern und über das Internet informierst.

Für eine gute Begleitung zum Abstreifen des Seelenmülls kannst du dir eine vitaminreiche Kost zusammenstellen, die auch eine gute Mischung aus einigen ballaststoffreichen Produkten enthält.

Zuweilen wird zu Entschlackungskuren geraten, berate dich hierzu mit deinem Arzt!

(Und achte darauf: Zu viel Zucker, zu viele ungesunde Fette und viel weißes Mehl solltest du meiden.)

Für eine gesunden Lebensführung ist eine ausreichende Bewegung unerlässlich. Der Mensch in seinen frühen Zeiten war ein Wanderer, der sich ständig auf Nahrungssuche befand. Dafür ist er ausgerüstet, das tut ihm gut.

Eine ausreichende Bewegung hält schlank, fit und trägt zum Wohlfühlempfinden bei.

Das Beten

Das Beten ist die genialste Möglichkeit, Seelenmüll loszuwerden.

Wenn du einen Glauben hast an Gott oder eine höhere Macht,

dann hast du die Möglichkeit, dich in einem Gebet auszusprechen.

Für viele Menschen wurde Gott früher als unerreichbar dargestellt, viele Menschen trauten sich nicht, über ihre kleinen Probleme mit ihm zu reden.

Ich garantiere dir aber, dass er sich um dich und auch deine kleinsten Probleme genau kümmert. Solltest du aber Hemmungen haben, Gott mit scheinbaren Nichtigkeiten belästigen zu wollen, so darfst du gern mit all seinen himmlischen und menschlichen

Engeln sprechen, die dir im Leben zur Verfügung gestellt werden.

Probiere es einfach aus!

Alte Verletzungen loslassen

Bei den meisten Menschen gibt es Erinnerungen an Personen und Ereignisse, mit denen Gedanken und Emotionen an Verletzungen, Ärger Frust und manchmal sogar Hass zusammenhängen.

Wenn du von Traumata belastet bist, ist es für dich gesund, einen Therapeuten aufzusuchen und mit ihm Schritt für Schritt deine Erlebnisse durchzugehen und zu lernen, dich von den negativen Auswirkungen der Traumata zu befreien. Das können zum Beispiel Ängste oder Panikattacken sein, die deinen Lebensweg erschweren. Die hier empfohlene Eigenarbeit ist also nicht dafür geeignet, die Therapie-Arbeit einer Fachperson zu ersetzen.

Mit den Tipps und Anleitungen dieses Büchleins kannst du jedoch deiner Seele helfen, Stück für Stück, Belastungen loszuwerden.

Was also kannst du tun, um alte negative Gefühle loszuwerden, ohne dich mit den konkreten früheren Trauma-Erlebnissen beschäftigen zu müssen?

Hierbei kannst du dich wieder einmal mit Wasser beschäftigen.

Hierzu reicht ein Waschbecken, über dem sich ein Wasserhahn

befindet. Du kannst davor stehen bleiben, oder dich auch mit einem Stuhl davorsetzen.

Fange an, wenige Tropfen aus dem Hahn herauszulassen und denke dabei intensiv an deine Emotionen, die du loswerden willst. Du musst dabei nicht an konkrete Personen oder Situationen denken. Erinnere dich lediglich an deine Trauer, deine Enttäuschung oder deinen Frust.

Wenn du gleichzeitig das Abfließen des Wassers beobachtest, wird es dir klar, dass du dabei beobachten kannst, wie die Zeit vergeht.

Das Wasser erscheint, du siehst es im fließenden Zustand und schon verschwindet es wieder und ist erst einmal fort. Du kannst also erkennen, wie du Dinge aus der Gegenwart, in diesem Fall das Wasser, dorthin schickst, wo sie eine Minute später der Vergangenheit angehören und sich von dir weiter wegbewegen.

Wenn du dir jetzt zu jedem Wasserfluss eines deiner Gefühle dazu denkst, kannst du es mit dem nassen Element umgehend in die Vergangenheit schicken, mit der du abschließen kannst.

Probiere es einmal aus!

Du siehst Wasser aus dem Hahn fließen. Denke an den Ärger, der immer wieder in dir hochkommt. Aber er quält dich, er stört dich am Wohlbefinden. Du bist nicht frei, weil dich dieses negative Gefühl daran hindert, gelassen und fröhlich zu sein.

Lass dieses Ärger-Gefühl mit dem fließenden Wasserstrahl gemeinsam in den Ausguss verschwinden! Damit kannst du das negative Gefühl loslassen, und es wird der Vergangenheit angehören, die dir wichtige Erfahrungen brachte, dich aber nun nicht mehr ärgern soll.

Das Wasser läuft fort, dein Ärger geht mit. Dein Ärger wird

bald der Vergangenheit angehören, die du hinter dir hast, die du loslassen kannst.

Lass die Vergangenheit als wichtigen Erfahrungsschatz hinter dir, den du aber abschließen kannst, weil du die alten Gefühle loslassen kannst!

Möglicherweise gelingt dir diese Übung nicht gleich beim ersten Mal, aber je mehr du dich darauf einlässt, umso mehr kannst du dir selbst damit helfen.

(In diesem Fall ist das laufende Wasser auch keine Geldverschwendung, denn es ist wie eine Wasserkur für deine Gesundheit.)

Wenn deine Seele gesund ist, kann auch dein Körper gesund werden und gesund bleiben.

Nimm die Herausforderung an und trainiere diese Übungen, bis du das Gefühl hast, mit deiner Seele eins zu sein und selbst dafür sorgen zu können, dass es ihr und damit dir guttut.

Je mehr du spüren wirst, wie gut deine Seele und dein Körper auf deine Zusprache und Behandlungen hören, umso stärker wirst du dich fühlen.

Du wirst dich fühlen wie dein eigener Regisseur.

Wenn du gelernt hast, negative alte Gefühle in die Vergangenheit zu schicken, wirst du generell mehr im Hier und Heute leben können.

Du kannst dich auf den Augenblick der Gegenwart konzentrieren und musst dich weder vom Gestern bedrücken noch vom Morgen beunruhigen und ängstigen lassen.

Du hast gezeigt, dass du den Weg bis jetzt gemeistert hast, warum solltest du dann nicht auch deine zukünftigen Wege meistern können, gerade jetzt, wo du gelernt hast, Vergangenes hinter dir liegen zu lassen?!

Auch Tränen beinhalten Wasser.

Wenn du traurig bist und weinst, hast du eine Möglichkeit, die Trauer mit dieser wasserhaltigen Körperflüssigkeit herauszulassen.

Hierzu führe ich das Gedicht von Nikolaus Lenau an:

Blick in den Strom

Sahst du ein Glück vorübergehn,

Das nie sich wiederfindet,

Ists gut in einen Strom zu sehn,

Wo alles wogt und schwindet.

O! starre nur hinein, hinein,

Du wirst es leichter missen,

Was dir, und solls dein Liebstes
sein,

Vom Herzen ward gerissen.

Blick unverwandt hinab zum
Fluß,

Bis deine Tränen fallen,

Und sieh durch ihren warmen
Guß

Die Flut hinunterwallen.

Hinträumend wird
Vergessenheit

Des Herzens Wunde schließen;

Die Seele sieht mit ihrem Leid

Sich selbst vorüberfließen.

Sicherlich reicht oft nicht ein einzelnes Gedicht, um Trauer und Schmerz und andere Bedrückungen hinabzuspülen. Je größer der Schmerz ist, desto mehr Geduld muss man aufbringen, um die Zeit der Heilung geduldig zu überstehen.

Wenn du gelernt hast, alte Belastungen in die Vergangenheit zu schicken, hast du die auch die Möglichkeit, das Leben positiver zu sehen.

Sicherlich kennst du auch das Beispiel von den Menschen, die ein halbgefülltes Glas mit Wasser auf unterschiedliche Art und Weise ansehen.

Um diese Denkweise zu erlernen, konstruiert man sich Fallbeispiele.

Während ein Mensch, der von negativen Belastungen gezeichnet ist und bisher noch keine Möglichkeit gefunden hat, den Seelenmüll abzulegen, stets sich selbst als das Zentrum des Pechs sieht, beginnt der Mensch, der nach befreiten Zielen strebt, die Welt um sich herum objektiv zu betrachten.

Er sieht nicht nur ringsherum Menschen in Situationen, die genauso schwierig oder noch schwieriger sind als die eigenen, sondern bemüht sich um die

Erforschung der Ursachen und um die Lösung der Probleme.

Die Lernaufgaben dieses Lebens sind nicht dazu da, uns zu kränken oder zu quälen, sondern um uns Herausforderungen zu bieten, damit wir an den Lösungen der Probleme wachsen.

Der positivdenkende Mensch weiß, es gibt immer einen Weg, und selbst in ausweglosen Situationen darf man auf ein Wunder hoffen.

Mit einer Seele, die von altem Müll befreit ist, wird man offen für positive Erlebnisse und Begegnungen.

Wie nach einer körperlichen Diät fühlt man sich befreit, ja, wie ein neuer Mensch.

Und als ein neuer Mensch können dir neue Situationen und neue Menschen begegnen.

Du selbst strahlst eine neue Reinheit aus, die von anderen Menschen gesehen und anerkannt wird.

Damit ziehst du wiederum auch Menschen an, die dich als der Mensch schätzen, der du geworden bist, weil du das Beste aus dir herausgeholt hast.

Symbolisch findest du viele Geschichten und Märchen, in denen sich Menschen von altem

Ballast befreien und ein glücklicheres und zufriedeneres Leben führen können.

Wenn du die reinigende Rituale gelernt und dich mit ihnen identifiziert hast, werden sie für dich so alltäglich sein wie deine normalen Waschungen, Duschen und Bäder.

Viele Menschen achten sehr auf ihre Körperpflege. Sie behandeln ihre Haut mit Kosmetika und vielen anderen Cremes.

Finde für dich heraus, womit du in Zukunft deine Seele verwöhnst, damit sie genauso zart glänzt wie deine Haut.

Wie in den vergangenen Seiten des Buches findest du dazu auf dieser Erde in großem Maße Mittel und Wege, die Seele zu erfreuen. Ich weise noch einmal besonders auf die Natur, die Musik und die Kunst hin.

Soziales

Ein soziales Miteinander wirkt sich günstig auf ein gesundes Seelenleben aus.

Das bedeutet nicht nur, dass man sich gegenseitig in schwierigen Situationen hilft, sondern auch miteinander symbolisch „das Wasser teilt".

Eine Tasse Kaffee mit Freunden, ein gemeinsames Gläschen Wein am Abend, nicht zu vergessen die früheren Bräuche der Menschen eines Frühschoppens oder die Trinkkuren in den Kurbädern, können sich verbindend und durch die Kommunikation auch verbessernd auf die Gesundheit auswirken. Erinnern wir uns an den alten Dorfbrunnen, an dem man sich beim Wasserholen traf oder an das Wäschewaschen am Fluss, dass ein soziales Miteinander förderte.

Überlege dir selbst einmal, mit wem du gern demnächst einmal eine Tasse heiße Schokolade oder eine Limonade trinken möchtest!

Die Liebe

Die stärksten Emotionen bringt die Liebe hervor in allen Farben und Facetten.

Und überall dort, wo sich Menschen berühren, gibt es nicht nur die Schwärmerei, das Verliebtsein, die große und die ewige Liebe, sondern auch alle heftigen Verletzungen und tiefsten Enttäuschungen.

Viele Menschen suchen nach ihren Seelenpartner und sind auf der Suche nach einem dauerhaften himmlischen Zustand der positiven Gefühle.

Doch jeder von uns weiß, dass sich auf der Erde alles in

Bewegung befindet, Änderungen und Entwicklungen unterliegt und mit Problemen und Herausforderungen zu kämpfen hat.

Hier finden wir im Bereich von Eltern und ihren Kindern häufig die traumatischen Erlebnisse, die lange Zeit belastend die Seele und das zukünftige partnerschaftliche Liebesleben beeinflussen.

Es ist wichtig, dass du nach einer Aufarbeitung deiner Kindheit und einem Verstehen der Situationen in den gegebenen Verhältnissen deine Vergangenheit ebenfalls als Erfahrungswert integrierst und deine negativen Emotionen nach und nach ausfließen lässt, damit du frei wirst für eine Partnerschaft, die dir guttut.

Eine Partnerschaft ist Arbeit und sollte ständig in den Reinigungsprozess einbezogen werden, bevor sich Wunden ergeben, die oft zu spät nicht mehr geheilt werden können.

In der Regel scheitert dies an Kommunikationsproblemen.

Daher für dich einen Tipp: führe für dich die Reinigungen durch!

Versuche nicht, jemanden, auch nicht den Partner, dazu zu überreden, der sich nicht dazu bereit erklärt. Es gibt auch

Menschen, bei denen ein Selbstreinigung-Mechanismus eingebaut zu sein scheint. Oft streben Menschen intuitiv zu den kleinen Paradiesen der Erde, in der die Seele sich reinigen und auftanken kann.

Glaube daran, dass es Menschen gibt, die dich achten, respektieren, wertschätzen und lieben können!

EIN GEDICHT

von

JOHANN WOLFGANG   VON GOETHE

Über die Seele des Menschen

Des Menschen Seele
Gleicht dem Wasser:
Vom Himmel kommt es,
Zum Himmel steigt es,
Und wieder nieder
Zur Erde muß es,
Ewig wechselnd.

Strömt von der hohen,
Steilen Felswand
Der reine Strahl,
Dann stäubt er lieblich
In Wolkenwellen
Zum glatten Fels,
Und leicht empfangen,

Wallt er verschleiernd,
Leisrauschend
Zur Tiefe nieder.

Ragen Klippen
Dem Sturz entgegen,
Schäumt er unmutig
Stufenweise
Zum Abgrund.

Im flachen Bette
Schleicht er das Wiesental
hin,
Und in dem glatten See
Weiden ihr Antlitz
Alle Gestirne.

Wind ist der Welle
Lieblicher Buhler;
Wind mischt vom Grund aus
Schäumende Wogen.

Seele des Menschen,
Wie gleichst du dem Wasser!

Schicksal des Menschen,
Wie gleichst du dem Wind!

Wenn du alle Seiten
aufmerksam gelesen hast, wirst
du sagen, aber ich wusste das

schon alles oder vielleicht auch fast alles.

Das glaube ich dir gerne, aber hast du auch bisher danach gehandelt und diese Tipps und Ratschläge für dich selbst befolgt?

Viele Menschen wissen für sich genau, was ihnen guttut, dennoch handeln sie genau in gegensätzliche Richtungen.

Wenn du dieses Buch gelesen hast, möglicherweise sogar aufmerksam und bis zum Ende, dann sind dir bestimmte Worte und Empfehlungen häufig begegnet.

Mit diesen Wiederholungen konntest du dir meine Worte etwas besser einprägen. Es funktioniert ähnlich wie eine Hypnose oder Selbsthypnose. Wenn du in Zukunft an das Händewaschen denkst, wirst du dich möglicherweise an mich und meine Worte erinnern. Und nach und nach können in dir all diese kleinen Tipps wieder hochkommen, die ich dir hier als Gedankenstütze notiert habe. Somit ist die Chance erhöht, dass du auch tatsächlich etwas ausprobierst.

Wenn du einmal angefangen hast, Dinge auszuprobieren, kannst du spüren und erfahren, was dir wirklich guttut. Und du kannst feststellen, welchen Vorschlag du für dich selbst mit in deinen Alltag einbaust.

Fange mit den kleinen Dingen an!

Fange mit etwas Wichtigem an!

Erinnere dich an das Element Wasser mit all seinen wunderbaren Eigenschaften!

Beginne einmal, dir unter den genannten Gesichtspunkten oder mit dem Ritual die Hände zu waschen!

Befreie dich und löse dich von dem Seelenmüll!

GEDICHT ZUM ENTSPANNEN

Wasserfall bei Nacht

Ruhe, Ruhe, tiefe Ruhe

**Lautlos schlummern Menschen,
Tiere,**

**nur des Gipfels Gletschertruhe
schüttet talwärts ihre Wasser.**

Geister Stille, Geisterfülle,

öffnet eure Himmelsschranke!

Bleibe schlafend, liebe Hülle,

schwebt, Empfindung und
Gedanke, aufwärts!

Aufwärts in die Geisterhallen

taste dich, mein höher Wesen!

Lass des Leibes Schleier fallen,

koste, sein genesen,Freiheit!

Unablässig Sinken,

weißer Wogenwucht,

lass mich, deine Bucht,

dein Geheimnis trinken.

Engel wölken leise

aus der Wasser Schoß,

lösen groß sich los

nach Dämonenweise.

Strahlen bis zum bleichen

Mond der Häupter Firn.

Und auf Schläfer-Stirn

malen sie das Zeichen.

Taufen gern Erhörten

mit der Weisheit Tau.

Und von ferner Schau

dämmert dem Enttörten.

(Gedicht von Christian
Morgenstern)